Couvertures supérieure et inférieure
manquantes

LEÇON D'OUVERTURE

D'UN COURS

DE GÉOGRAPHIE

HISTORIQUE ET POLITIQUE

DE L'ASIE CENTRALE

A L'ÉCOLE DES LANGUES ORIENTALES VIVANTES

faite le 20 Novembre 1878

PAR

Ch. DE UJFALVY DE MEZŐ-KÖVESD

Chargé du Cours

PARIS

ERNEST LEROUX, ÉDITEUR

LIBRAIRE DE LA SOCIÉTÉ ASIATIQUE

ET L'ÉCOLE DES LANGUES ORIENTALES VIVANTES, ETC.

28, rue Bonaparte, 28

1878

LEÇON D'OUVERTURE

D'UN COURS

DE GÉOGRAPHIE

HISTORIQUE ET POLITIQUE DE L'ASIE CENTRALE

A L'ÉCOLE DES LANGUES ORIENTALES VIVANTES

faite le 20 Novembre 1878

MESSIEURS,

Il me paraît inutile de faire ressortir à vos yeux l'utilité, je dirai l'actualité d'un cours de Géographie de l'Asie. Dans un moment où deux des plus puissantes nations du globe sont sur le point de se rencontrer au centre de l'Asie pour se disputer l'empire de ce continent, dans un moment, dis-je, où les regards de l'Europe sont dirigés sur ce petit prince qui se prépare à braver la colère de l'Empire Britannique, je n'ai certes pas besoin de vous parler de l'intérêt que présente la connaissance du sol et des peuples de l'Asie. La question d'Orient est sur le point de se résoudre à plusieurs milliers de kilomètres de Constantinople, et le moment paraît être proche où la guerre éclatera dans le bassin de l'Oxus, sur les versants septentrionaux de l'Hindou-Kouche, guerre terrible qui décidera du sort de l'Afghanistan, de Hérat, peut-être des Indes. Le moment critique est plus proche que nous ne le pensons, il arrivera fatalement.

L'Angleterre s'en doute bien, à preuve ses armements formidables; la Russie le sent aussi, à preuve les expéditions qu'elle envoie dans le bassin de l'Oxus, jusqu'à Merv, et l'Europe s'en préoccupe, car on suit avec intérêt les agissements de Schir-Ali, émir de l'Afghanistan, qui a répondu au vice-roi des Indes ces simples paroles, bien dignes du fatalisme musulman : « Faites ce que bon vous semble, il n'en arrivera que ce que Dieu voudra ! »

Je vous propose donc de parcourir avec moi les vastes plaines entre l'Iaxartes et l'Oxus, déserts de sables sillonnés par des caravanes qui se dirigent de Khiva à Orenbourg; de visiter les oasis le long des deux fleuves, où l'élément sédentaire de la population a fondé une série de centres agricoles et commerciaux; de voyager dans les pays montagneux du haut Oxus, dans ces petites principautés éraniennes qui avoisinent le Pamir et dont les chefs se disent descendants d'Alexandre le Grand. Il me paraît intéressant, dis-je, d'étudier ces contrées au point de vue de leur sol, de leur climat, de leurs habitants, au point de vue de la productivité, du commerce, de l'industrie, des voies fluviales et terrestres ; d'étudier les habitants par rapport à leur origine, leurs mœurs, leur histoire, leur langue, leurs croyances. Il est du plus haut intérêt de suivre pas à pas le développement de la puissance russe, qui depuis un siècle à peine s'est emparée de contrées trois fois plus vastes que la France. Il faudra examiner les raisons qui décident les Russes à s'avancer jusqu'à Merv, jusqu'au pied de l'Hindou-Kouche, jusqu'à Hérat ; les projets des Anglais du côté de Ketta, Kandahar, Hérat pour objectif. Il faudra se rendre compte des routes qui conduisent des bords de la Caspienne, de Khiva, de Tachkend, de Samarkand, du Ferghana aux Indes, des obstacles qu'il faudra franchir, et sur la possibilité et l'utilité d'un détour par le Turkestan oriental, aujourd'hui rentré sous la domination chinoise. Voilà, Messieurs, bien des questions, des problèmes et des études dont l'importance et l'actualité ne seront certes contestées par personne.

Mais à côté du présent, nous voyons se dresser les souvenirs du passé. Ne croyez-vous pas que l'étude de ces contrées, au point de vue de la géographie historique, présente un intérêt tout aussi puissant bien qu'il soit plus particulièrement scientifique? Les peuplades éraniennes autour du Pamir recèlent peut-être des données du plus haut intérêt sur l'origine et les migrations de notre race; les dernières études d'un savant anthropologiste (1) font pressentir l'importance que présente pour nous la connaissance des Eraniens du Kohistan, du Karatéghine, du Schignân, du Wakhân, du Badakchân, peut-être proches parents des Celtes, les aïeux des Français.

Dans ces mêmes contrées nous voyons successivement passer les fastes de l'Empire Persan, la fortune prodigieuse d'Alexandre, le Royaume Gréco-Bactrien, la splendeur des Califes, les Samanides, les Seldjoucides et l'éphémère puissance des Mongols, jusqu'à la division et la décadence d'aujourd'hui. Grâce aux géographes de l'antiquité, grâce aux voyageurs chinois, arabes et européens, et grâce à des données qui nous ont été révélées par des traductions récentes, nous serons à même de reconstituer dans ce pays la géographie ancienne et celle du moyen âge. En comparant les résultats de ces recherches à la géographie actuelle nous pourrons constater plus d'une fluctuation, plus

(1) Le Docteur Topinard.

d'un changement. De grandes cités n'existent plus, d'autres ont surgi, des peuples puissants ont disparu jusqu'au nom même, ou ont été complétement absorbés; d'autres les ont remplacés.

Il m'a été donné de visiter une grande partie des contrées dont j'aurai l'honneur de vous entretenir au cours de mes conférences; j'ai entrepris ce long et pénible voyage, voulant voir de mes yeux ce que j'avais étudié dans les livres, convaincu qu'en géographie, comme en toute chose, la pratique doit marcher de pair avec la théorie. Je sais bien que l'illustre Klaproth a eu la rare bonne fortune de découvrir tout un archipel dans son cabinet de travail ! Loin de moi la pensée de vouloir médire des Bénédictins de la science, qui ont rendu de si éminents services; mais je pense que pour pouvoir se passer de la pratique, il faut être un esprit d'élite, et qu'il y a peu d'hommes qui aient ce que j'appellerai le génie de l'intuition.

Dans ce moment même je vois le plus éminent Ethnographe de l'Allemagne, le professeur Bastian, partir pour l'Asie orientale, et l'illustre Humboldt n'a-t-il pas visité les deux hémisphères, ce qui a certainement augmenté et sa profonde science et sa grande autorité. Tous les Professeurs de notre Ecole sont des voyageurs bien connus, et je pense que quand on s'adresse à des jeunes gens qui eux-mêmes se promettent de parcourir le monde, il n'est pas mauvais de prêcher d'exemple. Je dirai plus : j'ai l'intention de repartir pour visiter la haute vallée de l'Oxus, les principautés autour du Pamir, depuis le Karatéghine jusqu'au Badakchân. Je sais que c'est une tâche des plus difficiles, mais je suis sûr que je serai soutenu dans mon entreprise et que le gouvernement français, quand je lui aurai soumis les résultats de ma dernière mission, m'accordera les moyens de compléter mes études et me permettra de tenter de pénétrer jusqu'à Balkh, l'antique Bactre, dont les ruines doivent renfermer des trésors d'archéologie.

Pendant mon dernier voyage je me suis surtout attaché aux études ethnographiques et anthropologiques. Les premiers anthropologistes de France ont bien voulu me donner des conseils précieux, jusqu'à des leçons pratiques; je crois donc avoir été bien préparé pour cette partie de ma tâche, et j'ai fait de mon mieux pour répondre aux espérances qu'on avait le droit de fonder sur moi.

Malgré les efforts de mon illustre ami, M. le professeur Bogdanoff, de Moscou, l'Anthropologie rencontre encore de nombreux adversaires en Russie, et un savant et quelques pseudo-savants de Pétersbourg ont essayé de contester l'utilité de mes recherches. Chaque nouvelle science a ses détracteurs qui se croient menacés dans leurs propres domaines; la science est pour eux un fief dont ils s'arrogent la propriété exclusive. Il serait seulement à désirer qu'ils missent plus de courtoisie et plus de loyauté dans leurs attaques. Mais'j'ai hâte d'ajouter qu'ils ne réussiront point à nous faire oublier la haute bienveillance que nous a témoignée Son Altesse Impériale le Grand-Duc Constantin, le charmant accueil qui nous a été fait par le général Kauffmann et par tous les généraux sous ses ordres, et la cordiale hospitalité que nous avons rencontrée dans toutes les maisons et dans toutes les chaumières russes. Ils ne nous empêcheront pas de dire sur notre voyage et sur ce que nous avons vu en Russie et en Asie centrale toute la vérité et rien que la vérité. Le premier volume de notre récit de voyage a paru, les autres paraîtront prochainement, et les hommes compétents et sincères jugeront de nos efforts.

Permettez-moi de vous exposer en deux mots le voyage qu'on pourrait faire et que je voudrais faire en Asie centrale. Visiter la haute vallée du Zéraf-châne jusque dans la vallée du Yagnaub, où habite une petite tribu éranienne qui parle un dialecte qui n'est pas compris de ses voisins. Pénétrer dans le Karatéghine, traverser le Schignân, le Darvâz, le Wakhân pour arriver jusqu'à Faïzabad, la capitale

1.

du Badakchân, ensuite descendre l'Oxus jusqu'à Balkh.

On ferait de la Géographie proprement dite, de l'Ethnographie et de l'Anthropologie dans les petits Khanats, sur les versants occidentaux du Pamir, et de l'Archéologie à Balkh. Le séjour sur le Pamir permettrait de pénétrer jusqu'à Tachkourgâne, chef-lieu du district de Sarikol, sur les versants orientaux du Pamir, où il y a également des Eraniens qu'il serait intéressant de comparer à leurs frères des versants opposés. Voilà déjà bien de quoi remplir une et plusieurs années de voyage, en été, car au cœur de l'hiver il est impossible de pénétrer dans ces contrées. Je m'estimerais heureux si je pouvais mener à bonne fin une pareille entreprise. Il reste cependant encore d'autres *desiderata* qui pourraient être réparés à ce premier voyage. En revenant de Balkh dans le Badakchân, il faudrait essayer de franchir le Pamir à peu près à l'endroit où Marco-Polo l'a franchi pour pénétrer dans le Haut-Thibet, traverser cette contrée pour arriver aux sources du Brahmapoutre, marcher le long de ce fleuve, qui s'appelle Dzang-bo dans son cours supérieur, constater l'existence du fameux coude qu'il décrit entre l'Himalaya le plus oriental et les monts Lang-Thang, et venir ensuite déboucher aux Indes, au nord de Calcutta. Vous voyez, Messieurs, que c'est un projet gigantesque, certes plus facile à concevoir qu'à exécuter. Mais j'ai la ferme conviction qu'un voyageur peut arriver à ses fins quand il dispose des moyens indispensables, quand il a la santé, la volonté et l'énergie nécessaires, et surtout quand il a foi dans son entreprise. J'ai hâte d'ajouter que l'exécution de la première partie de ce projet suffirait pour rendre de grands services à la science, et que je m'estimerais heureux s'il m'était donné de l'accomplir.

La fortune des Russes en Asie centrale a été prodigieuse, mais elle a été méritée, car elle est due à une politique sage et habile, poursuivie depuis des siècles avec une rare persévérance. Permettez-moi de vous esquisser à grands traits la marche ascendante de la puissance russe. en Asie centrale.

Il y a peu de temps encore les Russes ne possédaient que quelques méchants fortins le long de l'Oural et sur le bord de l'Irtiche.

Les hordes Kirghises étaient maîtresses des immenses plaines au sud de cette ligne fortifiée, depuis la mer d'Aral jusqu'au lac Balkach. Les caravanes chargées de marchandises venant d'Orenbourg ou de Khiva, Bokhara, Samarkand et le Khokan étaient exposées aux attaques incessantes des Turcomans, brigands de la pire espèce, qui infestaient les déserts du Kysil-koum et qui semaient le pillage et le meurtre jusqu'au delà de la mer d'Aral et jusque sous les murs de Samarkand ét Tachkend. Un puissant pays, soucieux de ses intérêts vitaux, ne peut exister avec une frontière ouverte, il lui faut des limites naturelles, c'est-à-dire une chaîne de montagnes avec des défilés faciles à défendre, afin d'empêcher les incursions d'un ennemi nomade pour lequel les traités sont lettre morte. La Russie se trouvait dans ces conditions. Elle dut fatalement s'avancer jusqu'au pied du Thian-Chan, jusqu'à l'Amou-Daria, et elle marchera encore. En prenant le Khokan, elle touche au Pamir, ses possessions ont trouvé une frontière naturelle à l'est et au sud-est; mais elle sera forcée de franchir l'Amou, elle prendra Merv et elle arrivera au pied de l'Hindou-Kouch et du Paropamisus; alors seulement elle possédera des frontières naturelles. Cette perspective devrait réjouir les amis de la science, car partout où la Russie avance en Asie, elle amène la civilisation à sa suite, elle rend d'immenses services à la science, car ces contrées deviennent accessibles aux voyageurs.

Quand on a parcouru ces pays, on est à même d'apprécier les bienfaits immédiats de cette prise de possession.

Mais revenons au développement de la puissance russse.

Tout d'abord, il s'agissait de dompter les Kirghises, d'en faire de fidèles vassaux qui protége-
raient les caravanes russes en Asie centrale. On
construisit une série de forts à travers la steppe,
depuis Orsk jusqu'à la mer d'Aral. Karaboutak,
Irghiz, Aralsk et Kazalinsk furent autant de postes
avancés qui protégeaient le commerce russe à
l'ouest; à l'est, dans les parages du lac Balkach,
l'œuvre fut plus facile, la proximité des montagnes,
l'abondance de l'eau, favorisèrent la colonisation.
La fondation de Serghiopol, de Kopal, d'Iliisk et
Wernoïé précédèrent de beaucoup l'établissement
de la ligne occidentale. Le commerce direct avec
la Chine par Tchougoutchak et Borokhoudsir
donnèrent d'ailleurs beaucoup plus d'importance
à cette seconde ligne. Les premiers jalons de la
puissance russe au Turkestan étaient posés, il
s'agissait maintenant de consolider l'édifice, de
compléter la ligne stratégique, il fallait que ces
deux lignes se donnassent la main et que le Syr-
Daria et les monts Alexandre devinssent frontières
stratégiques au sud des possessions russes. On
construisit le fort de Karmaktchi, on prit Ak-Med-
jed et on en fit le fort Pérowsky; on s'empara
de la ville de Turkestan; enfin à l'est on avait eu

soin de fonder Merké, Tokmak et on s'empara
d'Oulié-Ata. Tchimkend, Tachkend et Khodjend
tombèrent successivement au pouvoir des Russes.
La prise de Khodjend fut d'un effet décisif, on brisa
pour toujours la puissance des grands Khanats de
l'Asie centrale, en isolant le Khokan de Bokhara et
de Khiva. La frontière du côté du Khokan, au nord
de Khodjend, était encore ouverte, mais on avait
confiance dans l'énergie du chef de cette principauté,
qui paraissait fort bien disposé pour les Russes.
Cette série de victoires qui avait réduit l'émir de
Bokhara ne suffit point pour rendre plus circonspect
le petit tyran qui régnait à Khiva ; il se crut aux
beaux jours où des expéditions russes, envoyées
pour châtier ses prédécesseurs, périssaient dans les
neiges de l'Oust-Ourt, où ses ancêtres avaient fait
un tambour de la peau de l'infortuné général Béké-
vitch. Bien mal lui en prit, car les Russes, sous les
ordres de leur illustre chef, le général Kauffmann,
firent leur brillante campagne de Khiva. On construisit sur les bords de l'Oxus, à soixante kilomètres de
Khiva, Petropavlofsk ; les bateaux russes remontè-
rent le fleuve jusqu'à Djardjouï, en face de Bokhara,
et le Khan de Khiva devint, comme ses cousins de
Bokhara et du Khokan, un vassal du tzar blanc. Mais
rien ne sut dessiller les yeux des fanatiques musul-
mans du Khokan, où les Sartes, peuplade efféminée,

et cruelle, et les farouches Kiptchaks se disputaient
le pouvoir. Profitant de la frontière ouverte au nord
de Khodjend, les Khokandais firent des incursions
continuelles sur le territoire russe, ils massacrèrent
sans pitié des chefs de stations postales et d'inoffen-
sifs voyageurs. Le Khan était débordé, il fut chassé
par ses propres sujets et se réfugia sur le territoire
russe. Les Russes envahirent le Khokand pour
châtier les rebelles, installèrent le fils du khan chassé,
et seulement quand ils se convainquirent que rien
ne pouvait briser l'opiniâtre résistance des habitants, ils s'annexèrent le Khanat sous le nom historique de Ferghanah.

La même nécessité impérieuse, comme je le disais
tout à l'heure, les forcera de prendre Merv et de
s'établir solidement auprès des chaînes de montagnes
qui séparent le Turkestan de la Perse, pour en finir
avec les hordes turbulentes et pillardes des Turcomans. Il n'est pas de notre compétence d'examiner
les évènements qui pourront arriver plus tard, mais
nous soutenons que le jour où la Russie aura pris
possession du Kara-Koum jusqu'à Merv et du
bassin du Haut-Oxus jusqu'à Balkh, elle aura une
fois de plus bien mérité et de la civilisation et de la
science.

Une autre question très-intéressante est celle de
la fertilité, de la productivité des contrées nouvel-

lement conquises, de l'importance du commerce, de l'industrie et des voies fluviales et ferrées qu'il faudrait établir au point de vue stratégique et commercial. Ces questions embrassent des sujets trop variés pour que je puisse en donner dans ce moment autre chose qu'un court résumé. Certes, le Turkestan présente en majeure partie une steppe déserte et aride qui suffit à peine à nourrir les troupeaux des Kirghises, en partie un désert de sable, parsemé de maigres oasis. Mais en revanche, le cours supérieur du Syr-Daria, la vallée du Zérafchâne, le bassin du Haut-Amou et l'oasis à l'embouchure de ce fleuve constituent une série de contrées superbes qui, par leur grande fertilité rachètent l'aridité des steppes qui les entourent. Il serait trop long d'énumérer les produits de ces contrées, et je ne vais insister que sur quelques-uns qui offrent, à mon avis, un réel avantage pour le commerce et l'industrie.

Examinons donc rapidement le vin et les soies, le schiste, le suif et le sucre du sorgho, pour ne pas parler des richesses minérales et autres.

Le Turkestan possède jusqu'à seize espèces de raisins, et le vin que l'on fabrique à Tachkend est agréable au goût. On prétend que dans la composition de ce vin on mélange volontiers différentes sortes de raisin, ce qui fait qu'il laisse à désirer et qu'il ne convient pas à toutes les santés. Il sera facile de remédier à cet inconvénient.

Quant à la soie, les habitants fabriquent des étoffes qui, malgré l'éclat des couleurs, ne peuvent sans doute point se comparer à nos soieries de Lyon ou à celles d'Italie, ni même aux fabrications de la Chine, mais en revanche leur soie ordinaire est solide, excessivement bon marché et ferait une excellente étoffe pour doublure. A Bokhara, on fabrique des velours de soie d'une grande beauté ; les étoffes en laine sont inusables et les broderies sur cuir faites à la main sont bien supérieures à celles qui nous viennent de Constantinople et des côtes de l'Afrique septentrionale. On a fondé une magnanerie à Tachkend, et cette industrie promet d'avoir un développement continu et rapide.

Je ne parlerai pas ici de la bijouterie, qui, malgré la grossièreté du travail, présente souvent des modèles dignes d'être imités, ni des aiguières, bassins, etc., en cuivre repoussé faits avec finesse et avec goût.

Les montagnes du Zérafchân, et du Ferghanah renferment du schiste en grande quantité, dont on ferait d'excellentes ardoises. On y trouve aussi du lignite d'une très-bonne qualité, chose importante au point de vue de l'établissement de fabriques et d'usines et d'une voie ferrée.

Les immenses troupeaux de moutons à grosse queue, ressource principale des nomades du Turkestan, fournissent, outre la laine, une graisse excellente dont on pourrait fabriquer du suif d'une qualité tout à fait supérieure.

Enfin le djougarra (*sorghum vulgaris*), plante qui abonde dans le Ferghanah, renferme des matières sucrées qui permettraient de fabriquer un sucre bien préférable à celui fait de betteraves. L'exportation de ce sucre, avec le suif, l'ardoise, les laines, les soies et velours constituerait une importante branche de commerce.

Jusqu'à présent le commerce se fait au moyen de caravanes; ce moyen de transport est long, mais il est sûr, car l'honnêteté des Kirghises qui s'occupent de fréter ces caravanes; est proverbiale. Même quand on aura établi une ligne fluviale entre la Caspienne, la mer d'Aral et les contrées fertiles du Turkestan supérieur, en régularisant les cours du Syr et de l'Amou, même quand on aura relié ces contrées à Moscou et Pétersbourg, au moyen d'un chemin de fer, le chameau constituera toujours une concurrence redoutable, à cause du bon marché du transport. Le transport de Tachkend à Orenbourg d'un pound (40 livres) de marchandises revient à peu près à un franc. Ni le bateau à vapeur ni le chemin de fer ne pourront jamais offrir d'aussi bas prix. Par rapport à l'importance actuelle du commerce, nous pensons que pour le moment des voies fluviales suffiraient largement. Les marchandises iraient en été de Tachkend à Kazalinsk, de Bokhara dans la mer d'Aral. Les dépenses pour rendre ces fleuves réellement navigables seraient grandes, mais cependant bien moins élevées que celles qu'exigerait l'établissement d'une ligne ferrée. Mais cette dernière sera construite, et promptement, j'en suis sûr, car elle est demandée impérieusement par des raisons stratégiques. Tachkend, Samarkand et le Ferghanah ont besoin d'être reliés à la mère patrie au moyen d'un chemin de fer qui permettra de concentrer dans le Turkestan, à un moment donné, une armée formidable. Si les Russes avaient eu ce chemin de fer en 1877, ils n'auraient jamais eu besoin de faire la campagne de Turquie; on aurait trouvé un autre moyen pour amener le Sultan à résipiscence.

Deux lignes ferrées peuvent être établies, l'une d'Orenbourg à Tachkend, avec des embranchements à Wernoïé, à Samarkand et dans le Ferghanah; l'autre de Yékathérinenbourg à Omsk, peut-être jusou'à Irkoutsk (Kiakhta), avec embranchement sur Semipalatinsk, Wernoïé, Tachkend. Cette dernière ligne serait peut-être plus utile au point de vue du commerce, aussi bien avec la Sibérie qu'avec la

Chine, elle serait plus facile à construire, plus aisée à entretenir, elle coûterait moins cher, vu son rapport, mais elle serait beaucoup plus longue que la première et n'offrirait point les mêmes avantages stratégiques.

La ligne d'Orenbourg à Tachkend commanderait tous les points stratégiques du Turkestan, son établissement donnerait une force considérable à la puissance russe en Asie. Tout porte donc à croire que c'est cette première ligne qui sera construite, et le commerce et l'industrie n'en profiteront pas moins. Souhaitons-le au point de vue de la civilisation générale. Rien ne prouve d'ailleurs mieux la supériorité de la civilisation européenne que les progrès des Russes en Asie centrale.

Consentez donc, messieurs, à me suivre dans mes pérégrinations à travers l'Asie centrale ; je n'ai pas la prétention de croire que vous m'écouterez avec plaisir, mais je puis vous assurer que je ferai de mon mieux pour vous épargner les privations et les fatigues que j'ai éprouvées.

1309 — Paris. Imprimerie Lahure fils et Guillot, rue des Canettes, 7